POUPÉE, ANALE NATIONALE

DU MÊME AUTEUR
CHEZ POCKET

DERRIÈRE LA PORTE

ALINA REYES

POUPÉE, ANALE NATIONALE

ZULMA

À la mémoire de Zulma
vierge-folle hors barrière
et d'un louis
(Tristan Corbière)

ISBN 2-266-08687-1

1

FAMILLE ET FŒTUS

(Faut que ça saigne)

Dieudemerde, j'ai lanus qui me démange. Encore un coup du thermo. Faudra que je dise à Monmari mets de l'huile, au bout.

Tous les matins, et depuis des années que ça dure. Quand le réveil sonne, il est pressé, ou de mauvépoil, ya toujours quelque chose. Résultat, il melenfile à la vavite, et ça m'égratigne le nanus.

Ce soir c'est réunion. Quand Monmari fait sa réunion du Tronc à la maison, il me met la télé dans la chambre, ézou !, au pieu, Poupée. Lapolitic, c'est pas ton truc. Au lit, les bonnefemmes.

À ma place, yen a qui diraient c'est pas juste. Moi non. Pas si bête. Passqu'un jour ça sera moitoutseule la Cheftaine. Personni le sait, mais un jour je serai Moiseul la Cheftaine de notre Chefferie. Et peutêtre mêm de notre Nation. Et peutêtre mêm du Monde. Faut pas le dire, secrédéfense. Je dis rien, je continue mes petites habitudes, ya pas de raison que ça change. Je vais dans ma chambre, je mets ma chemizdenuit, je me brosse bien les dents, j'allume la télé, ézou ! au lit.

Sauf qu'au bout d'un moment, quand on entend plus rien dans la maison, plus aucun bruit de porte qui s'ouvre et de gens qui rentrent, rien qu'un murmurdevoix de vents dans les feuilles avant clorage pète (je baisse un peu le son de la télé pour être bien sûre), alors là, je remets le son normal, et c'est parti ! À quatrepatte sur le carrelage du couloir, direction le salon !

Je m'approche toudoucement, en retenant mon souffle, j'ose même pas imaginer la colère de Monmari s'il savait que je me suis levée. Il me croit bien tranquillement couchée devant la télé, mais moi j'en perds pas une croûte ! Agenoux derrière la porte, par le trou de la serrure, je matetout.

C'est moi qua perdu la clé. Au début de notre mariage, il fermait à clé. La première fois que j'ai voulu mater, niquée ! Yavait la clé qui me bouchait le trou. Le lendemain, zou, je l'ai mise à la poubelle. Il s'en est aperçu qu'à la réunion suivante, trotard.

Faut voir comme la femme de ménage s'est faite engueularder. À soutenir effrontément qu'elle l'avait pas touchée, la clé ! Je l'ai traitée de tous les noms, volarde crouteuse vieilputasse de tarasquipu, tout ça devant Monmari qua été obligé de nous séparer quand je lui ai empoigné ses gros poilducus de tête. Je lui aurais bien arraché les yeux à cette saleté de putacrouille.

Après elle a pas voulu rester, c'est comme ça maintenant, aucune gratitude, si vous les traitez pas comme des reines, ces volasses, elles scassent. Et démerdtoi pour trouver quelqu'un dautre.

Entoucas, grâce à cette souconnasse, chaque fois quia réunion, je matetout par le trou de la serrure. Je mate, et... j'entends ! Résultat, j'en sais des choses et des machins.

Monmari, il s'en doute pas, mais parexempl s'il lui arrivait quelque chose, je pourrais très bien être Cheftaine à sa place. Et je suis papeu fière d'avoir maté, pendant toutes ces années. Maintenant, s'il arrivait quelque chose à Primus (Monmari), Poupée serait là, prête à larelève !

Bien sûr pour l'instant il préfère me laisser à l'écart, c'est pas aux femmes de se taper le salboulot de la politic, et quand on veut rester un hompolitic propre faut pas avoir peur de sesalir. En plus Monmari il a une intelligence extraordinaire, chose que je n'ai pas, j'en suis bien consciente, et c'est pourquoi il me faut beaucoup m'instruire, et ne rater aucune réunion.

Pour le bien de Monmari, pour s'il lui arrivait quelque chose.

On peut quanmêm pas laisser la Nation au complot sidaïcomassonic des nécrouillons et des youpalas.

Mon petit Primus, de là où tu seras, bouffé aux vers, tu pourras être fier de ta Poupée.

Tiens, j'ai envie de pleurer. Quand je pense que Monmari pourrait mourir.

Qu'est-ce que je deviendrais, moi, avec tous ces journalissdemerds qui marcèleraient ? Tous ces gauchissdemerds qui me farciraient lecu de procès ? Et comment je ferais, pour ces putains de réuniondemerds ? Je sais même pas leurs noms, à tous ces types. Je connais même pas leurs figures. À quoi qu'ils ressemblent ? Ils ont toujours leurcagoul, et ils s'appellent par leurs nondcods. Comment je ferais, pour trouver leur numéro de téléphone et leur téléphoner ? Peut-être qu'ils viendraient touseuls, deumêms ? Non, non. S'ils savaient que Primus est moréenterré, ils bougeraient pas, sûr. Dieudemerde, ça me fout le cafard rien que d'y penser. J'y arriverai jamais.

Et ce cuquimgrat.

Je ferai moins la fière quand il sera plus là pour me mettre le thermo tous les matins. J'ai l'air de me plaindre comça, ça me gratte et toulmerdier, mais c'est ce genre d'attention, de petit geste, qu'on regrette ensuite. J'en connais pas beaucoup, des hommes qui prendraient la peine de mettre le thermo à leur femme tous les matins, manière de ne la baiser qu'à bonescient. Je veux dire de pas rater quand c'est le bon moment, pour faire un gniardon.

Le seul problème que je lui dis pas, c'est que moi, j'en veux pas, de gniardon. Lui il en veut absolument, et moi j'en veux absolument pas.

Combien de fois je me suis féavorter, avant de le connaître ? Et même depuis qu'on est mariés.

Me laisser distendre le ventre par un fœtusdemerd, nonmerci. La place est prise. Par moi-même. Circulez, ya rien à voir. Et je parle même pas de l'accouchement. La chatte dilatée, le machin tougluant qui sort engueulant, dégoulinant de sang, et moi qui gueulerais aussi, de douleur, les tripalairs ! Non, nonmerci.

Je lui dis pas. Les hommes comprennent pas ça. Et politicment, j'avoue que c'est pas drôle pour lui. Toutes les pétouffiasses de ses copains arrêtent pas de pondre comme des merdfarcies d'œufdemouchamerds. Alors je le laisse menfiler le thermo, c'est bien le moins que je puisse faire. Il ne faut jamais enlever l'espoir aux gens.

L'ennui c'est que maintenant que je suis la femme du Chef, entanque Madame la Cheftaine comondit, je peux plus aller à l'hôpital pour faire passer lachose, si elle arrivait. Trorisqué. Si un de ces journalissdemerds apprend ça, je suis morte. Et même chez mon gynéco, n'importe quel gynéco de mes deuxovaires.

On peut faire confiance à personne, de nos jours. Capables d'aller tout cafter à Primus pour obtenir quelque chose de la Chefferie. Faut voir dans quel monde on vit. Je vous jure que les chambragaz, çavait du bon. Primus dit que c'est un truc que les youplas ont inventé pour nous faire tous chanter. Quoi chanter ? Je ris de me voir sibel en ce miroir ? Ça prouve au moins une chose, c'est qu'ils sont conscients de ce qu'ils méritent : un grand nettoyage. Eux et toute cette merdpuantedimmigros. Ces pourries qui viennent chier leur marmailmerdeuse sur notre sol. Pas ces sacafœtus qui risquent d'avorter. À l'hôpital, au service des IVG, j'en sais quelque chose, on voit que des Blanches, des vraies National-salopes.

Quand le Tronc sera au pouvoir, je vous le dis, il va y mettre bonordre. Les centres d'IVG seront pas fermés, au contraire. Mais yaura plus que les bronzaillées quauront le droit d'y aller. Le droit, et le devoir. C'est ce qu'on appelle l'élimination endouceur du problème. D'abord on fout tous les immigros dans des avions, et bonretour. Ensuite s'il en reste encore – parce qu'il faut pas rêver, on n'arrivera pas à nettoyer complètement le pays du jour au lendemain – ceux qui restent on leur interdit de se reproduire, c'est toujours ça de gagné sur les futurs charters.

Touça, personne le sait encore. Moi, je l'ai appris en matant les réunions du Tronc, mais pafolle, Poupée. Elle ira rien répéter. Secrédéfense. Déjà qu'on vous fout des procès danlcu dès que vous dites troimots un peu sensés. Moi ça me révolte. Qu'on puisse même pas dire l'élémentaire vérité. On est persécutés. On gagnera que par la ruse et la dissimulation. C'est pas dans mon caractère, moi je suis d'une nature franche et directe, mais faudra que je m'y fasse.

S'il savait que je sais tout ça, Monmari. Il serait fou de peur. Que j'aille répéter. T'inquiète pas mon petit Primus, je sais tenir ma langue. Et puis dabord, j'en apprends pas tant que ça, aux réunions. C'est rare qu'ils parlent du programme du Tronc.

Leur truc que j'ai compris, c'est qu'ils reçoivent toutsorte de gens – des hompolitics des autres partis du pays, des industriels, des tueuragages, des banquiers, des miliciens, toutuntas de chefs, des Nationaux des autres pays, exétéra. Pour que tout le monde soit à l'aise, zou, cagoule obligatoire. Je me touche en les matant. J'arrive jamais jusqu'au bout parce que je suis pas dans une bonne position, et puis n'importe comment j'arrive jamais au bout, ça me dégoûte avant – mais ça coûte rien d'essayer.

C'est lacagoul, aussi, qui m'excite. Des fois, agenoux derrière ma serrure, je m'imagine qu'ils s'aperçoivent que je suis là. Touduncoup, yen a un qui se lève, qui vient droit sur la porte. Moi j'ai tellement peur que je peux plus bouger. Il ouvre la porte d'un grancoup et il me trouve là, à quatrepatte. Ils me regardent tous. J'ai juste ma petite chemise de nuit transparente sur moi, je suis un peu gênée. Je baisse la tête, car je sais que je suis très fautive, trètrès fautive.

Celui qui m'a trouvée me prend par les cheveux, et me traîne au milieu du salon. Ils commencent à mepunir, en suivant les ordres de Monmari. Je vous passe les détails, c'est toujours les mêmes. Parfois j'essaie d'inventer autre chose dans ma tête, mais ya rien d'autre qui vient. Déconneries.

Faut dire que Monmari il est sévère avec moi, mais pas assez. Au bout du compte, il me passe toutes méconneries. Des fois je le provoque amort et il finit par se fâcher et me fairmal, mais pas tant que ça. Au fond, ya que sa politique qui l'intéresse. Ça, et me faire des gniardons.

Mais moi j'en veux pas. Je lui dis pas, il me tuerait. Monmari pour les choses vraiment sérieuses, c'est l'efficacité même. Comme il voudrait pas divorcer, il s'arrangerait pour devenir veuf. Sûr.

Dieudemerde quand je pense à ça j'ai envie de pleurer. Un jour il va bien finir par se rendre compte que je lui en ferai jamais, de gniardon. Déjà qu'il m'a amenée cinquante fois chez cinquante gynécodemerds quont tous dit que j'étais normale, et lui aussi. Quand il va se décider à changer de femme, sûr que ça va être ma fête, et pour debon.

Si seulement Monpapa était encore de ce monde. Il me protègerait, lui. Ya que Monpapa qua su me faire jouir, dans ma vie. Avec lui, peut-être que j'aurais accepté de faire un grognard. Il s'y prenait si délicatement, avec tout l'amour d'un père pour sa fifille. Quand on pense que dans ce pays la famille est même plus respectée. Avec les autres hommes, je suis jamais arrivée à rien. Qua me retrouver au bloc opératoire, avec un aspirateur dans la chatte. Pareil avec Monmari, et ya pas de raison que ça change.

Je m'en fous il me donne toulfric que je veux. Quand je vais à la Capital je claque tout chez les couturiers, dans les parfumeries, les institudbeautés... Pour ça, pas une femme plus gâtée que moi. Les bijoux, je m'en fais donner par des joaillers, des amis du Tronc, ou qu'ont intérêt à se faire bien voir du Tronc, ou qui lui doivent quelque chose, j'en sais rien. Je veux bien m'intéresser à lapolitic, mais parmoment c'est trop compliqué, ou fastidieux. Un boulot ! Défois aussi, c'est comme le ménage, ça m'excite rien que d'en parler. Faire revenir l'ordre dans ce pays. Chacun à sa place. Léfamélésenfants, au foyer. Lésimmigros, dans leur pays. Lésouvrillés, à l'usine. Exétéra. Toupropre, toubienrangé, ça serait pas beau ? Y manquerait plus que la petite télécommande pour faire l'arrêsurimage. Haltela, plus personne ne bouge ! Comme ça, on salirait plus. Ou pour tout éteindre, quand yen a marre de voir ces geuldecons.

Moi pour l'instant avec lapolitic j'ai que des problèmes, à commencer par : comment faire pour pas garder le polichineldanltiroir, si jamais il s'implante ? Dieudemerde, on est toujours envahie par quelque chose.

Moi je demande qu'une chose. Pouvoir rester bien peinarde chez moi. Dans mamaison. Dans monpays. Entre Nationaux. Pouvoir sortir dans la rue sans se fairvioler. Dans la dignité. Chacun assaplace.

Mon Primus au pouvoir, et moi au château. À me distraire avec un ou deux amants. Mon gynéco privé et dévoué à domicile. À m'éclater dans les fêtes secrètes du Tronc, après le couvrefeu.

Une infirmière allemande pour élever les gniardons qu'on aura eus par clonage, Primus et moi. Un clone demoi et un delui, pour commencer. Après, on verrait. Poussés dans le ventre d'une brebis, je crois que c'est possible, maintenant. Du reste, on pourrait laisser la brebis aux grogniards, après. Pour qu'ils jouent avec. Une sorte de peluche vivante. Après tout, ça serait un peu leurmaman. La brebis pour la tendressmaternelle, l'infirmière allemande pour la discipline, ça ferait des gniardons parfaitement bienélevés. Et en plus, juste anotrimage, pas des handicapés ou des monstres. Mafille, défois, je m'en occuperais. Je lui inculquerais tousque j'ai dans la tête. Pour qu'elle soit exactement comme moi. Une deuxième vie pourmoi.

Au fond, j'y crois pas trop, à ce truc de brebis. Je sais pas si ça sera au point assez tôt.

Je crois que Primus m'aura déjà tuée.

Au fond du trou, bouffée aux vers.

Si on m'enterre.

Dieudemerde, j'ai encore envie de pleurer. J'ai jamais rien compris à cette histoire de vers. D'où ils viennent ? Des mouchamerds ? Les mouches pondent pas sous la terre, quand même ? Leur gros ventre pleindœuf... Elles vous déposent ça dans les yeux quand vous êtes sur votre lidemort, peut-être. Ou alors c'est les verdeters. Ils se creusent un chemin jusqu'à vous, dans le noir, alodeur. Vous rentrent dans le nanus pour aller bouffer votremerd, la merdendécompo quest restée dans vos intestins. Ils bouffent, et quand ils ont le ventre bien pleindemerd, ils baisent. Ils bouffent, ils baisent, ils bouffent, ils baisent. Après vous avez les tripes qui grouillent de bébévermerdeux, et quand ils ont plus de ca à manger, ils vous bouffent le reste. Ça me fait penser que j'ai envie d'aller aux chiottes, tiens.

J'ai réfléchi, aux toilettes. On devrait vider les morts de leurmerd, avant de les enterrer. C'est quand même pas très propre, toute cette merdqui-pourrisouter. Je vais en parler à Primus. Il faudrait un chapitre sur ça, dans le programme du Tronc. Pour bien se démarquer des gauchotistes, qui veulent toujours remuer la merde du passé. Plus rien à se mettre sous la dent, ils auraient.

Tous ces avorteurs, faudrait les recycler en videur-demerdacacadavres. Ils ont tout le matériel pour ça. Au moins, ils feraient quelque chose de propre et d'utile pour la Nation.

Faut que j'aille me relaver les mains, j'ai l'impression d'avoir le doigt qui sent encore. Toultemps pareil. Comme je suis constipée, je suis obligée de rentrer un doigt pour la fairvenir, et après, çapue. En ce moment je fais plein de petitecrottes. Je suis toujours déçue quand je regarde derrière moi dans la cuvette. Une grosse bien grasse, c'est quand même plus satisfaisant pour l'esprit. Mais passons. Je n'aime pas beaucoup parler de ces choses-là, nèspa ?

Faudra que je parle de ça à Primus. À propos des morts. Il verra que j'ai des idéopolitics, moi aussi. On pourrait déjà mettre ça en place dans la chefferie.

C'est dingue comme ça attache, l'odeurdlamerd. Je me suis lavée cinquante fois les mains, rienafaire. Obligée de me les frotter au parfum. Quand je pense que ces journalissdemerds écrivent que si je porte toultemps un mouchoir parfumé devant mon nez, c'est passque j'ai peur de sentir lodeur des gens. Je dis pas, ya un peu de vrai. Mais c'est surtout de la pure élégance, et que j'ai pas envie que tout le monde sente l'odeurdmamerd sur mes doigts.

Évidemment, ils sont pas assez délicats pour aller deviner la simple et honnête vérité. C'est ça lapolitic. On vit dans la dissimulation. Comme je lui dis à Monmari, heureusement que j'en fais pas.

Lui c'est pas pareil. Il a de grandes ambitions pour la Nation, il voit plus loin. Car elle commence à sentir mauvais, la Nation.

Mais défois qu'il lui arriverait quelque chose, à Monmari, je me prépare. Endouce. Je serais pas si mauvaise que ça, enpolitic. Sans me vanter, je crois que je sens bien les choses. L'état de décomposition de la Nation, de la Famille, de toutes ces Valeurs dans lesquelles on a été élevés, et sur lesquelles les gens chient dessus maintenant. C'est ça que je dirais à la télé, si on me laissait faire. Ça aurait de la gueule, non ? Ce que je ferais, c'est que je leur parlerais des odeurs. Ça, tout le monde comprendrait. L'odeur de patchouilla sur la Nation, nonmerci. L'odeur des morts enterrés avec leur merde, nonmerci.

Mon programme ? Grand nettoyage général. Tous ces étrangers qui viennent nous prendre notre-pain, nofemmes, notreboulot – dehors. Tous ces morts pas propres qui nous pourrissent la vie – dehors. Les nouvomorts, automatiquement vidés. Les anciens, dès quia encore un soupçondmerd accrochée à leurs tripes, zou, on déterre, et hop, une poire danlcu, et grand lavement à lajavel. Simple, efficace. C'est comme ça qu'il faut être, enpolitic.

Déjà que j'ai un certain karisme. Je vois bien, dans la rue. Faut voir comment les gens me regardent. Personne s'est jamais autant intéressé à moi. Et pas seulement les hommes. Sans parler des journalistes. Et des photographes. Tous après moi. Matête dans tous les journaux. J'ai tout gardé, les articles, les photos. Yen a même quinsinuaient noir sur blanc que j'ai un beaucu. Si Monpapa était encore vivant, je lui montrerais ça, il serait fier de moi.

Et même maintenant que je suis pourinsidir Cheftaine, femme du Chef. Ça représente quelque chose. Maintenant parexempl, tous les dimanchmatins, je vais à la messe. M'emmerder à la messe. Depuis le temps que j'ai quitté l'école, j'ai oublié toutes les chansons et toutes les récitations, mais je bouge les lèvres en même temps que les autres, je fais parfaitement semblant. N'oublions pas que moi aussi je représente le Tronc (ni bras ni jambes, que personne ne bouge, le peuple dos au mur, et ta-ta-ta-ta-ta !) Dans Notrenation, on a une religion, et c'est la catholique. C'est important de donner l'exemple. Pour ceux quont pas un sens moral développé comme nous, la religion en quelque sorte ça remplace le Parti. Ça aide. À maintenir l'ordre.

Après la messe, Primus et moi on va rendre visite aux commerçants. Serrer les mains sur le trottoir. Les gens sont contents de nous voir, défois yen a même qui me glissent un trucporno à l'oreille. Je hoche la tête avec intérêt, comme s'ils m'avaient juste demandé une place pour leur fils. Jamais décevoir ses électeurs. Qu'ils sebranlent à la maison si ça leur fait du bien. Quand ils votent pour le Tronc, c'est pareil : ça les rend agressifs, à cause de la branlette honteuse dans leur tête, à s'imaginer qu'ils vont tuer leur voisin, touseuls à la maison.

Bonjour... Bonjour... Comment allez-vous, Chermadame ? Vous savez que notre Service a arrêté votre voleur ? Oui oui, c'est malheureux nèspas. Ne vous inquiétez pas, ils en sont conscients. Votrevoleur, il est déjà puni. Croyez-moi, nogars s'en sont chargés. Que voulez-vous, puisqu'il n'y a plus de Justice dans ce pays, plus de police, il faut bien que quelqu'un s'en charge... Je vous en prie, c'est bien naturel... C'est ça, le Tronc vaincra. Comment ça va, monsieur Dutruc ? Vos voisins n'ont pas respecté le couvrefeu ? C'est la deuxième fois, je crois ? Très bien, je m'en occupe personnellement. Le Service est venu. Oui oui, j'ai entendu parler de cette affaire. Nos hommes ont fait évacuer la salle, et certains clients se sont permis de protester ou de traîner les pieds, sous prétexte qu'ils voulaient finir leur repas... Eh bien c'est très simple monsieur Dutruc vous n'aurez plus à vous plaindre. Je vais faire fermer le restaurant. Demain ce sera chose faite. C'est moi qui vous remercie... C'est un bel exemple de civisme que vous donnez là. Continuez, monsieur Dutruc.

Aidez-nous à nous débarrasser de toute cètvermine. On a encore beaucoup de travail, je sais... Mais nous y parviendrons, faites-moi confiance. Et votre situation professionnelle ? Vous en êtes où ? Venez me voir un jour à la chefferie, nous aurons sûrement quelque chose pour vous... Je pressens chez vous certaines qualités... On a besoin de citoyens comme vous.

C'est Monmari qui parle, mais moi aussi, défois, je dis quelque chose. Un petit mot d'encouragement... Une petite caresse au-dessus des cheveux des enfants (jmen fous, je fais juste semblant de les toucher). Une attitude féminine, un peu maternelle, quoi... Alors mon petit Damien, t'es content ? Y'a moins de sacapus et de négrouillons dans ta classe maintenant, hein ? Quoi ? Maman elle a dit que le Tronc, elle s'asseyait dessus ? Chéri, tu entends ce que me dit le petit Damien ? Va vite me chercher tamaman, mon enfant. Dis-lui que monsieur le Chef veut lui parler. C'est ça, tu es bien mignon.

J'ai horreur de tous ces gniardons, mais il faut reconnaître que les Jeunesses du Tronc font un bon boulot. Ils sont de plus en plus nombreux à dénoncer leurs parents quand c'est nécessaire. C'est ça, la nouvelle génération. Les idées du Tronc, ils naissent avec. Pour eux, c'est comme une seconde nature. Nous les adultes, on a beau dire, on est pas toujours aussi à l'aise dans l'application des concepts du Tronc, comdit Monmari. Encore, ceux qui ont fait la guerre... Ceux-là s'en sortent pas tromal. Ils ont vécu une époque où on était déjà très avancé sur certaines questions. L'habitude d'obéir. De setaire. De rester chez soi. De respecter le couvrefeu. Les tickets de rationnement, touça. Ne serèsque la guerre d'Algéchose. On dirait pas, mais ça vous forge une certaine philosophie... Un savoirvivre. La dénonciation, parexempl. Combien de gens, de nos jours, ont encore peur de se lancer ?

Les enfants, eux, sentent très bien touça. Faut les voir, ces ptimerdeux, dans les écoles maternistes (j'ai fait la visite, en tant que Cheftaine). Ça n'arrête pas. Mdam'! Mdam'! Machin il a gribouillé sur ma feuille ! Truc il m'a tiré la langue ! Machine elle a dessiné partout sur les murs des toilettes avec soncaca !

Faut dire que les institutrices, question discipline, elles sont pas toutafait au point. Comme j'ai dit à Monmari en revenant de ma visite, faudrait penser à revoir touça. Yen a même une qui me regardait d'un salœil, parce que j'avais giflé une grogniarde qui s'accrochait à majupe. Même Primus quand il a appris ça (c'est pas moi quila dit, mais il sait toujourtout), il m'a engueulée. Soi-disant que j'aurais pas dû faire ça, les gens comprennent pas, ils sont pas encore assez habitués à notre philosophie. Il paraît que la chieuse elle a gardé les traces de mes doigts sur sa joue pendant dix jours, moi jedis qu'elle l'a pavolé. Ses parents ont qu'à mieux l'éduquer. Ma mère à moi elle m'a élevée à coudegifles et je m'en porte pas plumal.

En plus une petite Nationale, il me dit Primus. Dont les parents votent. C'est comça. Quand ma main doit partir, elle fait pas de politic, elle part. Il faut savoir être naturel, aussi, défois.

Primus a été obligé de faire courir la rumeur que la petitmerdeuse m'avait insultée et bourrée de coudepieds, pour expliquer la gifle. On a donné un avertissement à ses parents, comme quoi à la prochaine bêtise leur fille serait renvoyée de la maternale. Malgré ça, à cause de cette histoire, je fais plus de visites dans les écoles, et je m'en porte pas plumal.

Il n'en reste pas moins vrai que pour nous, qui avons été contaminés par les années 70, ça représente parfois un véritable effort intellectuel que d'adhérer corséâme aux idées du Tronc. Moi qua passé trois ans en première année de droit, parexempl, on peut dire que j'ai fréquenté toutesorte de gens. Il m'est arrivé de coucher avec toutesorte de gens, et certainement même, sans le savoir, des casigauchistiques. Heureusement, c'était pas une fac tropourrie. Mais quand j'ai rencontré Primus, je dois avouer que j'étais pas très mûre, politicment. Même si j'avais de bonnes bases, grâce à l'éducation que j'ai reçue, à mes dispositions naturelles – par exemple, je supporte pas le désordre – et à mon bonfond, mon sensinné du Bien : je suis pas du genre à renier marace ou monpays, moi.

Mais ça me serait jamais venu à l'idée, parexempl,

de soutenir les musulmoines qui obligent leur fille à porter le foulard, même chez nous. Moi, ces têtedecus dans leurs langes, j'avais plutôt tendance à trouver que ça déparait dans le paysage national. Encore une idée écocologiste, qui m'avait pénétrée malgré moi. C'est Primus qui m'a éduquée. Que d'un côté j'avais raison, il faut protéger notre pays de toute cette pollution de merdabicots. Mais que d'autre part, fallait voir plus loin que ça. Tant qu'on aura ces gens-là chez nous, autant qu'au moins ils soient tenus par leur religion, puisque le gouvénervement est incapable de les tenir.

C'est ça, lapolitic ! Pas si simple con croit. Les électeurs, on est obligé de leur dire que des choses simples, ils sont trocons pour comprendre les finesses. Même moi, défois, je sais bien que je comprends patout. De toute façon, comme dit Monmari, c'est mieux de pas comprendre. Sinon personne serait daccord. Nous dans notrecoupl on est daccord surtout.

Dieudemerde. J'en suis malade. Je m'approche du lavabo pour me laver les mains, et qu'est-ce que je vois ? Un cafard qui courait sur le robinet. J'ai même pas pu crier. Pétrifiée de trouille. Dieudemerde, quelle horreur. Toumarron, à me fixer d'un œil méchant. Je devrais pas le dire, mais j'en ai fait caalaculotte. Et en même temps, d'un seul coup, j'ai retrouvé lafoi. Odieu, pourquoi m'as-tu abandonnée, j'ai pensé très vite. Et je suis tombée agenoux, le front contre le bord de la baignoire, apleurer dans ma bonnodeur, qui me faisait touchaud et toucollant au fond de maculotte.

Quand je me suis relevée, j'ai cherché le cafard partout, mais il était parti. Caché. Lesalopio. Saletédesalopioterie de bête. Oh, j'aurais dû lui arracher les pattes, une par une. Lui déboîter ses gros yeux vitreux. Il avait très bien pu grimper surmoi, pendant que je faisais ma prière contre la baignoire. Quelle horreur. Je suis sortie de la salle de bains en courant.

Dans le couloir yavait Pipo qui passait l'aspirateur, je me suis pris les pieds dans le tuyau. Il s'est penché pour m'aider à me relever, mais j'avais peur qu'il sente moncaca, peur de me faire attraper. Je lui ai gueulé me touche pas salritaldmerd. On aurait dit qu'il rigolait dans sa tête, d'enbas où j'étais je voyais ses couilles danser dans son pantalon avec un air de se foutre de magueul. J'ai lancé le bras et je les ai tordues. Vite, je suis partie.

En me retournant au bout du couloir avant d'entrer dans machambre, j'ai vu Pipo à genoux par terre, les jambes écartées, à se tenir les couilles au-dessus du tuyau de l'aspirateur, qui lui faisait comme un grossexe. PD.

J'ai dit à Pipo de bien regarder s'il n'y avait pas de cafards dans la saldebain, et de faire le ménajafond. Franchement, je savais plus si tout ça était vraiment arrivé ou quoi, alors j'étais un peu gênée, et je parlais fort pour le faire taire.

Le problème avec les bonnes, c'est qu'elles finissent toujours par s'enaller. Et elles sont jamais assez propres. Pipo lui au moins c'est un maniac. Pour ça, on s'entend bien. Mais des fois, quand je vois sa belle petite gueule de pédalo, je peux pas m'empêcher de le traiter de toulénoms. Heureusement, il est pas susceptible, pas comme ces pouffiasses de bonnes qui se cassent à la moindrinsult. Je me demande pourquoi Monmari l'a choisi, lui. C'est pourtant pas les militants dévoués qui manquent.

J'ai pris mon accent de comtesse, comme feumadame Mamère, qui avait tant de classe pour s'adresser aux domestiques, et j'ai dit :

– Pipo, à ton avis, pourquoi Monmari tatil choisi ?

– Pour vous servir, madame, il a répondu, comme une sale pétasdesarasse.

– Si je te prends à coucher avec Monmari, je te coupe labite, je lui ai dit. Et si t'essaies de lui tailler unepip, je te coupe lalangue.

J'avais à la fois envie de rire, et de le saccager. Impression qu'il aurait aimé que je le fouette. Je suis trop gentille, avec les domestiques. Salopioterie de merdedepetitepédcrouilpourrie. Je suis sûre qu'il avait envie que je lui fasse biensentir où était sa place.

– Eh bien mon ami, j'ai dit, commencez donc par la saldebain. Je veux que vous l'asticassiez, afond. Toutaleur, j'ai eu le pressentiment qu'il pourrait s'y trouver un nid de cafarnahommes.

J'avais envie de gerber.

– Ça va, madame ?, a dit Pipo.

– Me touche pas, PD, j'ai dit.

J'avais envie, pourtant.

Je m'emmerde, à la maison. Je peux même pas appeler Primus à la chefferie, il m'a interdit de le déranger pendant son travail.

Je suis allée à la saldebain, voir si ça avançait. Pipo avait vidé le placard, et passait tous les flacons alajavel. Je lui ai demandé s'il avait pas trouvé un cadavre de cafard, avec les pattes et les yeux arrachés. Il a pas répondu. Si on peut plus plaisanter, j'ai dit. Et je lui ai ordonné d'enlever ses gants, qu'on pouvait pas travailler correctement avec ça. Surtout pour les recoins. Que je lui prêterais ma crème pour les mains quand il aurait fini. Et qu'il se dépêche, j'avais envie de prendre une douche.

D'habitude, quand je vais avoir mérègles, je suis d'une humeur de chien. Là, rien.

À vrai dire, défois je suis de mauvaise humeur, mais c'est pas la même chose. C'est parce que ça commence à faire trop longtemps que je les attends, mérègles.

Après ma douche, j'ai pris la voiture, et je suis allée m'acheter des aiguillatricoter. J'osais pas aller à la pharmacie, demander un test de grossesse. La mercière m'a fait tout un tas de courbettes, à m'appeler Madamelacheftaine écompagnie, mais je voyais bien que cette pouffiasse se demandait pourquoi je voulais acheter des aiguillatricoter, l'air de penser que c'était pas mon genre de faire du tricot.

– C'est pour un cadeau, je lui ai dit. Mettez-moi ce que vous avez de mieux.

– Des aiguilles de quel numéro ? a demandé cette conpouffe, rien que pour m'emmerder.

Non mais quelconnerie. Ça commençait à me prendre la tête.

– Écoutez, je lui ai dit. Je suis attendue à la chefferie. Mettez-moi tout ensemble dans un paquécadeau, les aiguilles, la laine, et dites-moi combien je vous dois.

Déque j'ai trouvé une bennaordure, je me suis arrêtée pour y jeter les pelotes. Il faisait une chaleur acrever, et rien que de savoir que j'avais ces énormes pelotes poilues dans la voiture, j'étouffais. La pétpouffiasse avait aussi mis dans le paquet un livredemodèl, plein de photos de bb alairdébils. J'ai déchiré toutes les pages que j'ai pu, et je l'ai balancé dans la benne. Non mais qu'est-ce qu'elle croyait.

Je me suis arrêtée à la prochaine cabine et j'ai téléphoné à lapolis, sans me présenter et en me pinçant le nez pour déguiser ma voix (maintenant que je suis très connue), pour dire que je souhaitais dénoncer cette dame au fisc. Le poulet, très gentil, m'a dit que c'était pas à eux de s'en occuper, mais qu'il voulait bien se charger d'alerter les servisconcernés, pour me rendre service. J'ai donné l'adresse, tout, et j'ai remercié bienpoliment. La poupouff va avoir un contrôlocu, ça lui changera les idées.

Les aiguillatricoter sont à côté de moi dans la voiture. À la plasdumort. Je peux pas m'empêcher de les regarder. Dieudemerde, il va falloir que je me serve de ce trucla. Me tricoter la chatte. Me l'enfoncer bien profond pour aller décrocher la vermine. Faitedésenfants, quidisent. La Nation tapie dans lutérus. Jeanne d'Arc toutenharm. Ta lance, saltope ! Je te la ferai lâcher à coudaiguillatricotée !

Moi je veux Monpapa qui est mort dans sontrou, moi je veux pas mourir, moi je veux pas d'un braillard qui mécarte les cuisses pour sortir, qui me prend Monpapa. La vermine qui s'accroche à monventre, je la noierai dans les chiottes, comme tous ces étrangédmerds qui viennent pondre chez moi et me prennent mapatrie. Allonsenfants, l'étendarsanglant est levé ! Sanglante, l'aiguillatricotée Poupée !

Je veux pas mourir, je veux pas qu'on me prenne maplace, je veux pas aller dans le trou, je veux pas laisser monca aux mouchamerds. Je donne mes fœtus, ça suffit pas ? Moi j'arrache la vie du trou, l'embryon qui coule avec monsang, monsang pour la Nation, entre mes cuisses. Le droidusang. Le droidusang, c'est moi toutseule qui l'a. Moi et Monpapa, qui me l'a fait couler la première fois. Monpapa qu'avait sibien le sens de la famille, à s'occuper sibien de sa Poupée.

Moi je veux m'endormir avec un bisou de Monpapa sur monfront, que Monpapa glisse sa main dans montrou et décolle lachose doucement, en me faisant jouir : « T'inquiète pas, ma Poupée, ça y est, té nettoyée. Ça y est, papa a attrapé la vilainepetitebête et l'a écrasée dans sa main. Tout est en ordre ma Poupée, dors, dors, dors... »

Dans mésentrailles y'a plus rien, que du ca. Ca. Je suis si contente que Monpapa m'a nettoyée... Je voudrais bien m'arrêter au bord de la route, mais ya pas un buisson, rien. Je me dépêche de rentrer à la maison, pour aller m'enfermer aux toilettes, en prenant bien mon temps.

Aux toilettes, ya encore Pipo. Je secoue la poignée, je lui dis : « Qu'est-ce que tu branles ladedans ? » Il me répond pas.

Je lui ai pourtant interdit d'utiliser mes toilettes. J'ai horreur que ça sente la merde des autres quand j'ai besoin d'y aller.

– Tu veux que je le dise à Monmari ?, je crie.

– Je suis en train de nettoyer, il dit.

Et il tire la chasse.

Nettoyer, moncu.

– Depuis quand tu t'enfermes pour nettoyer ?

– Pardon, madame, il dit, en ouvrant la porte. J'avais seulement un petit besoin naturel.

Il a pas encore rentré sonsex dans son pantalon, il est si gros qu'on dirait un grosétron, j'en reviens pas.

De toutes mes forces je lui balance une baffe sur sa salpetitegueuldange. Lui ordonne de retourner faire les vitres.

Je me mets sur la cuvette, à essayer dchier tout en me touchant, à cause de la queue à Pipo, mais j'arrive à rien, ni d'un côté ni de l'autre.

Je rabats le couvercle et je m'assois dessus, à plus vouloir sortir, jusqu'à ce que Pipo ait fini ses vitres, et que je l'entende sortir, en claquant la porte.

Normalement, c'est l'heure de manger. Je devrais y aller, mais j'ai pas faim. Je me lave les mains avant de passer à table, je vais à la cuisine, tout est bien propre, Pipo a bien travaillé. C'est agréable à regarder, toussepropre.

J'ouvre le frigo. L'odeur de cadavre me prend à la gorge.

Ya du jambon enroulé en cylindre dans son papier, un rôti toumarron qui saigne dans son papier, des viandes des viandes des viandes, ça pulamort ladedans.

Des œufs encore sales du cudlapoul, avec le germe de la bête à l'intérieur, le germe marron planté dans le jaune, le germemort.

Et les fromages qui puent le pis.

Je referme le frigo, j'ai pas faim.

Dieudemerde est-ce que je suis encore encloc ? Depuis longtemps j'ai persuadé Monmari que mes retards veulent rien dire, que j'ai toujours eu des cyclirréguliers. Bien obligé de me croire, puisqu'il voit jamais rien venir. Mais si j'attends trop, il va m'envoyer chez le gynéco, faire le test.

Je peux plus attendre.

Ce soir après la réunion, il va vouloir me prendre. Il veut toujours, après les réunions. Faut que ça saigne.

Faut que lachose soit évacuée, et que ça saigne.

Dieudemerde, j'ai envie de pleurer. Je sais pas comment m'y prendre, avec les aiguillatricoter.

Dieudemerde, je vais avoir mal.

Rien que d'y penser, j'ai l'impression de tomber dans un trou tounoir, tousserré, où jamais personne viendra mechercher.

Assise à ma place devant la table de la cuisine, je bouge pas, j'aipeur.

Le trou où je tombe, c'est monventre. Il pue, et toute entière je tombe dedans, comme si j'étais pourrie, tout moncorps pourri qui s'écroule dans monventre.

Si j'avais pu choisir, jamais j'aurais été une fille. Une femme. Avec toute ces histoires d'entrailles, de thermo, et de Cheftaine qu'on voudrait être ou pas être.

On dirait pas amevoir, comme ça. Faut voir comment je suis, dehors. Souriante, énergique. Je sais m'y prendre pour faire bonnfigure, être populaire.

Défois même, avec Primus, on fait le coudpoing, contre ces antiracistedemerds, des crabougnouls, des négrosspatates, et cette pourriture de blanquignols qui renient leur race. Primus lui à la limite, la bagarre il aime pas trop ça, il préfèrerait tuer froidement, tranquillement. Question de tempérament. Mais moi quand je vois ces fasdemacacs, c'est plus fort que moi, j'ai envie de les étriper.

Ça tombe bien, les électeurs apprécient qu'on s'engage physiquement. Au moins ils voient qu'on est sincères, que la supériorité des Nationaux on sait ce que c'est, et qu'on est prêts à le prouver. Pas comme tous ces politicardemerds qui font semblant d'y croire, et qui continuent de livrer le pays à lavermine.

Je sais pas comment mon mari va me tuer.

Il va me tuer.

Je lui fais pas de grogniards, il va me tuer.

Un beau jour des cagoulés vont m'emmener en voiture jusqu'à la forêt de Moncul. Ils me feront courir entre les arbres, et pan ! pan !, à coudfusil danldos. Moi je tombe parterre, mon sang sort par mabouche, les fourmis entrent dans ménarines, à la queuleuleu leur fourmilière va s'installer dans mépoumons, je peux plus respirer.

Ou alors Pipo est chargé de mettre un poison dans manourriture, à petites doses, ça dure des semaines, et sans m'être renducompte de rien, un beau matin je me réveilmorte, crevée comme une rate, avec un maldeventre horrible, les tripes bouffées de l'intérieur.

Ou il me fait égorger comme un mouton par un boulgour, en s'arrangeant pour que j'écrive avec mon sang le nom du coupable sur le mur de la cave. *OMARMATUER* , avec le sang qui dégouline sous les lettres. Comme ça, il fait d'une pierre deucoups, il se débarrasse de moi et d'un coudboul.

Il va me tuer.

Déjà, quand j'étais dans le ventramamère, je sentais bien qu'elle avait envie de metuée.

Les autres veulent toujours vous tuer.

Mais je me laisserai pafaire.

Dieudemerde, quand je pense qu'un jour Monmari voudra plus de moi.

Il m'aimait bien, pourtant.

Je me demande s'il va pleurer, quand je serai morte.

Peutêtre qu'il se penchera sur moncadavre, et qu'il m'embrassera doucement sur mabouchepleinedesang, dans le vrombissement des mouches qui tourneront autour de nos deutêtes réunies, comme des petits hélicoptères de secours affolés par la vue du sancaillé et de ma cervellécrabouillée dans mes cheveux défaits.

Ça serait beau. Mais ça m'étonnerait que ça se passe commça. Monmari est pas un écerveléromantic comme moi, heureusement pour le Tronc. Il fera ce qu'il a à faire, un point c'est tout.

Si j'ai pas faim, c'est peutêtre aussi parce que j'arrive pas à aller aux toilettes correctement. Je me sens lourde, comme si mes intestins étaient pleins jusqualestomac. Ya plus de place, voilatout.

Même pas assez d'appétit pour une cuillerée de gelée anticonstipationniste. De toute façon elle resterait audessus du tadmerd, elle aurait même pas la place de descendre, ça servirait arien. Ce qu'il faudrait, c'est un truc qui glisse, et fasse glisser.

Je me sers un verre d'huile de noix et je le bois, cussec. Dégueulasse.

Ensuite je pense que ça serait bien de lubrifier par les deubouts.

Je baisse maculotte, trempe un doigt dans la bouteille d'huile, et penchée au-dessus de la table de la cuisine, je me l'enfonce le plus loin possible dans lanus.

Je le retrempe, le re-enfonce, plusieurs fois dsuite, longuement, avec application.

Je continuerais bien commça tout l'après-midi. Je viderais la bouteille d'huile, tellement c'est bon de se soigner commça.

J'oublie tous mes problèmes, et même que la salade risque d'avoir un drôle de goût, après. Je me sens revivre.

Mais au bout d'un moment, il faut que je parte encourant auvécé, sans avoir le temps de ranger la bouteille ni de nettoyer les gouttes qui sont tombées parterre.

Aux toilettes, je réfléchis que c'est bienbeau, le thermo tous les matins, mais non seulement ça sert à rien, mais en plus ça me procure quasiment plus aucune sensation. Bon, maintenant que c'est devenu une habitude, sans doute j'aurais du mal à m'en passer. Mais ce qui serait vraiment bien, ça serait que Monmari me fasse aussi lhuilage. Je veux dire, au doigt.

Lui, il pourrait y mettre plusieurs doigts, et les enfoncer plus profond. Seulement, je sais pas si j'oserai lui demander. S'il voit que ça me fait plaisir, ça risque de pas lui plaire. Il aime pas être pris pour un serviteur, Monprimus.

Je pourrais demander à Pipo. Il rechignerait pas. Mais ce petitenculado serait capable d'aller tout cafter à Monmari, pour se faire bienvoir.

Mamaman déjà quand j'étais petite elle me mettait le thermocu, pour me fairfair ca. J'aimais bien qu'elle s'occupe de moi, alors je faisais exprès de retenir mon ca, pour retenir son attention.

Quand j'avais des vers, elle me couchait à plaventre sur ses genoux, baissait maculotte, d'une main mécartait les fesses, et de l'autre fouillait à l'entrée de monderrière avec un cotontige, pour retirer les vers.

C'étaient des bons moments d'harmonie, entre Mamaman et moi. Des moments où je sentais qu'on était une vraie famille, soudée étout.

Le reste du temps, elle était toujours énervée, fatiguée, je voyais bien que je la gênais. Qu'elle regrettait de m'avoir patuée dans son ventre. Que j'avais poussé dans son ventre, c'était si dégoûtant que je pouvais même pas y penser.

« Menteuse », elle me disait toultemps. Et vlan, une gifle. Évidemment que je mentais, on est bien obligé de mentir toultemps. Pour pas se fairattraper. Monmari, il me le dit jamais, « menteuse ». Pourtant, il le voit bien que j'arrête pas de mentir. Ça lui est égal, parce qu'il croit que je m'en cache pas. Pour certains trucs, pourtant, je m'en cache. Quand il le saura, c'est là qu'il me tuera.

Monmari, il est tellement gentil. Je suis sûre que j'arriverai à le convaincre que notrenfant, il faut le faire pousser dans un ventre de brebis. Ou si c'est pas possible, dans le ventre d'une autre femme, qu'on gardera après, pour qu'elle s'en occupe.

On pourrait avoir une grande maison, avec parc et dépendances. On mettrait la femme et le gniardon dans les dépendances, et tout le monde serait tranquille. Moi je veux bien avoir un gniardon mais en ville c'est papossible. Il faut le sortir deux fois par jour, quand il est dans l'appartement il braille et il laisse des poils partout... Non non, pas de grogniard tant qu'on ne sera pas alacampagne.

Notre pavillon c'est pas vraiment en ville, mais quand même. Ce qui serait bien, ce serait de faire construire quelque chose au bord de la forêt de Moncul.

Au fond, j'ai tort de m'inquiéter. Monmari est un homme très moderne. Sinon, il serait pas au Tronc. Le Tronc, c'est tout ce quia de plus moderne dans le pays. Contre l'ouverture des fronthiers, contre le rip-rop, contre les cocoboys, contre les amerltocs, contre les bounouilles, les négrichons, les youplaops, les gnangnanquoués, les marxistics, les maçonics, les politics, les médiatics, les artistics, les sidatics, les pédaltics, les chatagouines, les zagrappeurs, toute cette merdicule. Nous sommes le parti le plus moderne de la Nation, le seul qui progresse aux élections, le partipir de l'avenir.

En tant qu'homme moderne, Monmari comprendra très bien que c'est pas très propre de laisser pousser un fœtus dans sonventre quand on est une femme propre comme moi, une maniac de l'ordre et de la propreté.

Je suis pas un ventraœuf, moi.

Une de ces saltopes qui se laissent engrosser, envahir par n'importe quelle saltoperie.

Ya des ventres pour ça. De femmes, de brebis, j'en sais rien. Mais pas le mien.

On devrait les mettre en maison, d'ailleurs, ces femmelas. Ça serait plus propre pour toulmonde. Pour les épouses respectables, quauraient plus à se laisser souiller et déformer par nimportequel germe. Pour les pondeuses, qui seraient tenues dans l'ordre et la sécurité. Et pour la nation toutentière, qui pourrait enfin avoir des gniards fabriqués en série comme les bagnoles, rien que des modèles testés et approuvés, tel modèle pour tel prix et tel usage, hygiénic, génétic et sûr, poinbarre.

Touça je me rends biencompte que ce sont des idées ultramodernes, mais si la Nation tombe entre les mains du Tronc, j'ai bon espoir. Peutêtre que Monprimus me donnerait le ministère de la Familledufœtus ? Je vous jure qu'avec moi ce serait proprement organisé.

2

MORDRE

(La forêt de Moncul)

Dieudemerde, j'ai encore l'impression de puer. Il fait une chaleur acrever, j'ai envie devomir. Une grosse mouche-hélicoptèracaca est entrée dans la cuisine et tourne autourdemoi.

– Ouvremoi, ouvremoi le frigo, elle arrête pas de me répéter, de sa petite voix criarde.

Même à travers la porte, pas folle la bête, elle sent la puanteur des viandes mortes, elle en gonfle et elle en tremble ducu, d'envie d'aller pondre sa cargaison dœuf ladedans.

Je lui cours après, je l'insulte, j'essaie de la chasser vers la fenêtre ouverte, mais cette connasse se contente de mesuivre, de tourner autourdemoi d'un air furibard. Non mais quelle pouffiasse. Je ferme la bouche, de peur de lagober. Faudrait quand même pas qu'elle vienne melâcher son paquet d'œufs grouillants au fond du gosier.

Tout d'un coup je suis sûre que c'est ça, qu'elle veut faire. Entrer par un de métrous, et pondre sa vermine dans machair. Je peux fermer la bouche, mais pas les yeux, les narines, les oreilles et le reste. L'air de me narguer, elle me montre en plein son groventre dégoûtant, tounoir, touplein. J'ai peur, je cède. Je lui ouvre le frigo et je me sauve, en fermant la porte de la cuisine derrièrmoi.

Je vais à la salle de bains, je me déshabille, je mets tout mon linge ausal. J'ouvre le placard, où j'ai rangé les aiguillatricoter. J'en sors une, je la pose sur le lavabo, j'ouvre la porte des toilettes, à côté.

À chaque mouvement, je sens l'odeur qui monte de moncorps. Je senmauvais, je peux plus mesentir.

J'entre dans la cabine de douche, je fais couler l'eau sur mapeau, le gel douche en quantité, plusieurs fois. Je mets la tête enarrièr pour me laver les cheveux, comme si on me les tirait pour menculer parderrièr, c'est bon.

Je m'accroupis pour me laver machatte aussi, ce morceau de viande rouge entre mes cuisses écartées. On dirait que la saltope a senti la mouchamerde, elle est toute gonflée et suante. Je la frappe à grandcoups de savon, bien partout où c'est enflé. J'essaie de rentrer le savon à l'intérieur, mais c'est trop serré. Toutes ces secousses me tordent le baventre, comme s'il y avait un bateau prêt à couler ladedans.

Je me fais couler un bain, avec plein de bain moussant. J'ai malauventre. Je me laisse couler dans l'eau jusqu'au menton, on dirait qu'on m'a coupé la tête et qu'on l'a posée au milieu d'un plat de chantilly. Mon ventre se contracte, ça fait mal. J'ai chaud, ya quelque chose qui m'empêche de respirer, comme si je menoyais. J'ai envie d'étrangler quelqu'un. Serrer un gosier entre médoigts, sentir le sang battre ladedans, serrer comme pour le faire sortir, serrer.

Ça sort. Je crois que ça sort. Je m'agite dans l'eau comme si c'était moi, l'étranglée. Monventre me serre. Par endroits la mousse se tache de rose. Je me lève dans la baignoire. Sous la mousse rose qui glisse lentement dans l'intérieur de mécuisses, des filets de sang noir, épais comme de la viande, s'accrochent à mapeau.

Ça saigne ! Ça y est, la saloperie saigne ! Toute mouillée, avec des paquets de mousse partout agrippés à moi comme des sangsues, je cours aux toilettes, m'assois jambes écartées sur la cuvette. Des jets de sang poisseux tombent dans le trou, avec des plocploc pires que la merde. Dieudemerde, que ça saigne ! J'en ai la tête qui tourne (accroche-toi à la cuvette, Poupée), oulala, qui tourne beaucoup trop.

La tête. Elle a malalatête, Poupée. Par terre, c'est tourouge. Mince, c'est tousale, la moquette. Combien de temps elle a dormi, Poupée ? Elle est tombée,

tombée dans lépommes. Plus de Poupée. Le front contre le mur, la cuvette toute froide contre le dos. Ce qu'il faut maintenant, c'est se lever et nettoyer.

Je me lève, le sang caillé qui me colle partout, et le sang frais qui glisse lentement dessus comme des limaces. Par terre il y a un caillot plus gros que les autres. Je me mets à quatrepatte pour le regarder. Ça a la forme d'un germe.

Poupée, ça la met en fureur. Cette saleté qui lui a fait tout ce mal. Poupée, elle en voulait pas, de cette saleté. Poupée prend le germe entre ses doigts, gros comme un œil, répugnant. Elle se lève, le pose sur le bord du lavabo, prend les ciseaux à ongles dans l'armoiraglace. Elle se voit dans les glaces, se voit très encolèr. Lachose répugnante a déjà la forme d'un de ces merdocbaveux qu'on voit dans la rue, pendus recroquevillés contre leventre de leurmère.

Poupée tient le ciseau bienserré dans sa paume, lève le bras, et d'un bon coup transperce lachose sanguinolente. Encore. Et encore une fois. Elle la prend dans ses mains pour voir l'effet produit, les trous, la bouillie de chair. Maintenant, çala dégoûte moins. Çalui fait même plaisir de la taillader à petitcoup de ciseaux, gentiment, comme du papier que les enfants découpent à l'écolmaternoc. Sauf que là c'est caoutchoutruc, résistant sous les lames. Et que ça vous laisse dusang sur les mains, tout en prenant une petite mine renfrognée, un air depaêtrecontent qui enchante Poupée.

– Est-ce que tume vois, saloperie ?, dit Poupée à lachose. Tume regardes ? Regarde sequelle fait de toi, tamère !

Evlan, encore un coup de ciseaux. Lachose sanguinolente la regarde d'un air suppliant, mais elle a pas de pitié, Poupée. Pas de pitié pour les parasites. Ce germerdeux, cette raclurofbite qui est venue s'accrocher dans sonventre pour lui bouffer savie à elle, Poupée. Je veux pas de toi, t'as compris ?

C'est le dialogue entre monembryon et moi, c'est bon de se parler. Jamais j'ai pu parler avec mésembryons, à l'hôpital. Un coup d'aspirateur, et puis bonsoir. Voilà madame, la poussière est faite. Là au contraire, je suis tellement absorbée par mondialogue avec monembryon que j'ai même pas vu Primus.

Je sais pas depuis combien de temps il est là. Tout d'un coup j'entends sa voix et je la reconnais pas, peut-être parce qu'elle est vraiment bizarre, pas comme d'habitude, ou alors c'est moi qui entends pas comme d'habitude.

Il est tout drôle, Primus. Il dit des choses à Poupée et pour une fois, Poupée elle le dit, qu'elle en veut pas, de gniardon. Qu'elle en a jamais voulu. Poupée elle parle de la brebis, mais Primus il comprend rien, il regarde pas la télé ou quoi ? Primus il bouscule Poupée, il l'attrape et il la secoue, il brandit la brossachiotte, on dirait un papavecsamitre, ou un empereur ou un guerrier, je sais pas quoi, ça la fait rire Poupée. Ya du caca accroché dessus la brosse, qu'est-ce qu'il fout ce Condepipo ?

Poupée elle essaie de s'échapper, elle tombe par terre à quatrepatte, elle essaie encore de s'échapper, Primus tape, tape dans son dos avec la brossachiotte.

Je me retourne, je mords Monmari au mollet, comme un chien je mords et je lâche pas, faut pas l'embêter, Poupée. Monmari continue à me frapper mais moi je suis aussi forte que lui, je tire sur ses jambes, je le fais tomber, et je lui plante méciseaux dans leventre, à Monmari, comme à monembryon. Je plante encore et encore, il crie mais c'est tant pis pour lui, faut pas m'embêter, je vais pas me laisser tuer. À la fin il est parterre et il bouge presque plus, ça gicle, le sang. Je lui défais son pantalon, ouvre sa chemise, pourvoir.

C'est pas si déchiré que ça, je trouve. On voit même pas le dedans. Avec mes ciseaux à ongles, je découpe dans le gras, là où c'est déjà toutenbouillie. Je suis curieuse, moi. Je veux voir ledevans. C'est difficile et ça prend du temps à découper, je suis pas bien équipée, avec mes petits ciseaux. Parfois Monmari bouge encore. Je veux juste regarder, je lui dis.

Un bout d'intestin apparaît. J'agrandis le trou dans la chair (j'aurais jamais cru quiaurait tant de gras sur quelqu'un de si maigre), assez pour pouvoir faire passer l'intestin à travers. Je tire dessus, c'est chaud danmamain, ça brille, ça palpite. J'ai jamais rien vu d'aussi beau. On sent au toucher quia de la merde à l'intérieur, mais c'est beau quand même. C'est plus beau, plus gros, plus long et plus appétissant que la bite à Monmari. Je peux pas m'empêcher, j'y pose mes lèvres pour y faire un bisou. Et puis quand je suis là, toucontre, le nez dedans, je sais pas si c'est lodeur ou quoi, c'est plus fort que moi, je mordedans.

L'intestin sursaute, comme s'il avait sa vie à lui, le chéri. Je le mordille encore un peu, gentiment et fermement, jusqu'à ce que je le sente céder, s'ouvrir, comme une plaie. Ce qui est bien dans une plaie, c'est de faire sortir le pus. Je l'enfonce autant que je peux dans ma bouche, j'aime ça, avoir la bouche pleine. Oh, comme elle est heureuse, Poupée ! Comme elle se sent contente, dans sabouche et dans sonpeticu ! Il est si gros, cet intestin ! Si chaud ! si doux ! Si vibrant ! Il prend toute la place, dansa bouche. Et elle le tète, Poupée. Les yeux fermés, doucement, eltète et ellaspire, toulbonca qui lui coule au fondlagorge, épais et moëlleux comme du miel. Les yeufermés, la bouchpleine, Poupée elle lui prend tout, à son Primus. Son petit mari, qui labaise avec son ca.

Moi qui suis simaniac. Je sais plus par quoi commencer, pour nettoyer et ranger tout ce bazar. D'abord je me brosse les dents. Dans les trois glaces du placard, je me vois sous toutes les faces, les lèvres toutes marrondemerdes. Y'en a même sur le bout de mon nez. Je lave, brosse, et rebrosse. Le goût dlamerd, c'est encore plus tenace que l'odeur. Ensuite je vide la baignoire et je prends une douche, interminable. Le sang, pareil, ça s'en va pas comça. Le savon me pique, surtout dans le dos, où j'ai été toute abîmée par la brossachiotte.

Je mets une serviette hygiénique, je m'habille.

Même si tout s'est pas très bienpassé, j'ai pas eu besoin de me servir des aiguillatricoter, c'est déjà ça. Je me rends biencompte que je suis dans la merde, mais quand même, je suis contente. J'ai perdu lachose, et maintenant que tout est fini, je me sens propre. Propre audedans de mon corps, débarrassé du germe, et propre audehors, parfaitement astiqué.

Maintenant, ce qu'il faudrait, c'est retourner à la saldebain, et nettoyer. Je me demande s'il est mort, Monmari. Peut-être qu'il va se relever, je lui ferai un petit pansement, un peu d'alcool pour désinfecter, et voilà.

J'aurais pas dû lui déchirer l'intestin, avec mes dents. C'était juste une petite morsure, et quand je me suis renducompte que c'était ouvert, j'ai bien sucé toutlamatière, pour pas qu'elle se répande. Mais quand même. S'il y en a un peu qui m'a échappé, qui est tombée à côté, dans sonventre, c'est pas très propre. Faudrait pas que les mouches s'y mettent.

C'est dégoûtant ce que j'ai fait, mais c'était pour sonbien. Je voulais pas qu'il attrape une infection à cause de moi.

Faudrait que je retourne me laver les dents, aussi. Je sens bien que j'ai mauvaise haleine. J'ai des renvois, je me rends compte que c'est pas facile à digérer, leca. En plus j'avais rien mangé à midi, j'avais faim. Et puis toufrais cueilli, comme ça, touchaud, à point, ça n'a rien à voir avec ce qu'on trouve dans les toilettes. C'est comme le fruit mangé sur l'arbre : rien à voir avec celui qu'on achète au supermarché, abîmé par l'air, le transport, toutes les mains qui l'ont touché avant vous. Moi j'aime ce qui est pur. Pourquoi elle aurait honte, Poupée ? Après tout, c'est la nature. Entre mari et femme, on a des pulsions, c'est normal. Ce sont des choses qui arrivent entre mari et femme. C'est ça, l'amour. Même les curés le disent. Si on veut fonder une famille sur des bases solides, on peut pas toujours faire la délicate.

S'il vit encore, je sais pas s'il va comprendre. Monmari, c'est une de ses qualités, il est très rancunier. Il oublie rien. Faudrait que je lui explique. Que c'était pour sonbien. Peutêtre qu'en plus ça lui en a fait, dubien ? Je vois pas pourquoi ya que le sexe qui serait bon à sucer, et qui donnerait du plaisir quand on le suce. Je lui expliquerai. S'il peut plus bouger, il sera bien obligé de m'écouter.

Oui mais, s'il est mort ? Dieudemerde, rien que d'y penser j'ai envie de pleurer. C'est pas moi qui latué, Monmari. D'abord il est tombé, et puis après moi j'ai juste voulu voir ce quiavait dedans. Yavait un petit trou, alors j'ai regardé, c'est tout. On dit toujours que la vraie beauté est intérieure. Moi Monmari il est pas beau à l'extérieur, mais à l'intérieur il est très beau, ça maintenant je le sais. Et bon, aussi. La bonté aussi elle est à l'intérieur, et ça je l'ai découvert. On peut pas me reprocher ça, quanmêm ?

Quand je rentre dans la saldebain, çapue làdedans, c'est épouvantable. Moi, toute propre, bienhabillée, biencoiffée, j'ai l'impression d'être une hôtesse de l'air dans un charter d'immigros. Une odeur ! Dégueulasse. Du sang et de la merde partout, Primus étalé de tout son long en train de crever, ou de pourrir, j'en sais rien. Je suis obligée de lui marcher un peu dessus pour traverser, il a pas l'air de réagir, ce con.

Ce que je cherche c'est monembryon. Je sais pas ce qu'il est devenu, dans touça. À un moment de la bagarre, j'ai été obligée de le lâcher.

J'ai envie d'aller aux toilettes, mais tout est dégueulasse, j'ai pas envie de m'asseoir sur le sang caillé. Comme ça presse, je fais accroupie le cul en l'air, sans toucher les bords, alaturc. Pour une fois, je suis pas constipée. Je crois même que j'ai trop mangé, à midi.

En me brossant les dents, tout à coup j'aperçois monembryon, par terre à côté de Primus. Je prends plusieurs feuilles de papier toilette et je l'enveloppe dedans, comme dans un petit lit. Il est méconnaissable, tout écrabouillé, mais moi, samère, je le reconnais.

Je me lave les mains et je sors de la saldebain, en fermant bien la porte. Pipo nettoiera, c'est tout.

Je mets mes lunettes de soleil, et je monte en voiture. Direction, la forêt de Moncul. Mon idée, c'est d'aller y enterrer monembryon.

En partant, je vois dans mon rétro une voiture s'arrêter devant la maison. Déjà l'heure de la réunion ! Normalement je devrais être au lit, devant la télé, bientranquille. Dieudemerde, rien que d'y penser, j'ai envie de pleurer. Pourquoi c'est pas commça ? Qu'est-ce qui s'est passé ? Est-ce que Monprimus a pu se relever, faire sa toilette et s'habiller pour recevoir ses invités ? Et quand il va s'apercevoir que je suis pas là ? Il va s'inquiéter, ça va lui gâcher sa soirée.

Et puis je me rappelle que j'ai saigné, et ça me réchauffe le cœur. J'ai saigné, c'est ça le plus important. J'ai monpetitembryon qu'est enfin sorti, toucontremoi, touchaud, toupalpitant, contremoncœur, que je vais enterrer. Monembryon. C'est la première fois que j'ai l'occasion de le serrer dans mébras. D'habitude, à l'hôp, hop, direct alapoubel. Là je vais lui faire un bel enterrement, dans la nature, étout.

Maintenant je sais pourquoi je voulais pas le garder dans monventre, monembryon. C'était pourpas qu'il grandisse. Pourpas qu'il vive. Parce que la vie, elle est pabonne. Maintenant que j'ai eu une vraie conversation avec monembryon, je me sens une autre femme. Comme si j'étais plus seulement la petite fille à Monpapa. Et Mamaman, je m'en fiche qu'elle a voulu me tuer dans sonventre. Ce qu'elle a pas réussi à faire, moi je l'ai fait, pleindefois. Seulement, tant que j'avais pas eu de conversation avec monembryon, on aurait dit que ça comptait pas, j'étais obligée de recommencer toultemps.

Je rentre dans la forêt de Moncul en voiture. Je roule sur des sentiers, en première à cause des trous, sans savoir où je vais. J'y suis jamais allée, avant. Les cahots me font malauventre, ça saigne toujours beaucoup, heureusement que j'ai emmené des serviettigiénics dans monsac.

Quand Monprimus sera au pouvoir, là ça changera. La vie sera meilleure. Monembryon, je pourrai le laisser pousser. Surtout si c'est dans le ventre d'une brebis.

En attendant, faut que je trouve un bon endroit, pour l'enterrer. Cette forêt est partout pareille, c'est chiant. J'aurais dû emmener une boussole, je sais pas comment je vais me retrouver.

Dieudemerde, voilà que le chemin s'arrête. Je recule pour faire demitour, et je mempale sur une souche. J'essaie de pousser la putaindmerd de bagnole, de la tirer, de la soulever, mais j'arrive à riendutout. Ce con de tronc m'a bien niquée. Il commence déjà à fairnoir, j'ai envie de pleurer.

Je prends monsac, et je décide de rentrer à pied. Il y a tout un tas de bruits autourdemoi, des arbresquicraquent, des oiseaux, des bêtes, je sais paquoi. J'ai peur, j'y vois presque rien. Je baisse maculotte derrière un arbre pour fairpipi. Je jette ma serviettigiénic par terre, pour la changer. Elle est touterouge. C'est le seul truc rouge et blanc que je vois dans toute la forêt. Le seul truc civilisé.

Dieudemerde, j'aime pas cette forêt. J'aime pas marcher. J'ai froid. Je sais pas où je vais. J'ai malauventre, mon sang coule comme une pierre dans l'eau.

Ça me fait penser à monembryon. Il fait tronoir et j'ai tropeur pour l'enterrer, maintenant.

Ça fait longtemps que je marche. J'ai malaupieds, avec mes sandales à talons. Elles sont pleines de terre et de cailloux, cette forêt est dégueulasse. Des trucs qui traînent partout, des bouts de branches, des feuilles, des fleurs sauvages, même. Et des épines. Ralbol, de cette putain de forêdmerde. Avec tous ces oiseaux postés dans leurs nids, l'œil fixe, le bec ouvert, qui me regardent passer en gueulant. Ces millions de rats qui courent sous la terre. Je les entends, je les entends, ils ont creusé des galeries, c'est truffé de couloirarats là-dedans, des couloirs de la mort. Ils sont énormes et ils trottinent sous mes pieds, grat-grat-grat, en grattant un peu le sol d'excitation, avec leurs pattes crochues, leurs petits yeux en épingles, leur queue caoutchoutiqueuse qui traîne derrière eux, leur museau pointu qui me renifle à travers la terre, c'est l'odeur du sang qui les attire. Le nez tendu entre mes jambes, dressé vers le sang qui coule dans ma serviette, les saltops.

Et en plus des insectes, des sortes de cafards noirs qui s'accrochent en files indiennes dans l'écorce des troncs, et qui foncent sur moi dès qu'ils me voient. Heureusement je cours plus vite qu'eux. Défois, je tombe à force de courir. J'ai les genoux et les paumes tousales, pleins de terre et de sang, et qui piquent.

Dieudemerde, j'ai toutafait perdu mon chemin et il fait toutafait noir, sauf la lumière de la lune quand elle est pas cachée par les nuages. Je voudrais bien qu'il pleuve, pour melaver. J'ose même pas m'arrêter, m'asseoir par terre pour mereposer un peu. Trop risqué.

Si au moins j'avais emmené mes ciseaux à ongles.

Comment je vais me défendre, contre toutes ces bêtes ? S'il se met à pleuvoir, les crapauds et les limaces vont sortir, ils risquent de me sauter dessus, ou alors c'est moi qui marche dessus, dans le noir. Ny pense pas, Poupée. Sois forte. Ils t'auront pas. Poupée, elle sait se défendre, pas vrai, Primus ?

Heureusement que j'ai pas enterré monembryon ici, avec tous ces rats. Comment ça se fait que personne a jamais été dire à la chefferie que la forêt de Moncul est complètement infestée ? Si j'avais su ça, je l'aurais fait raser depuis longtemps. Bétonner. Éradiquer.

Si je pouvais retrouver ma voiture. Je m'enfermerais dedans, clicclac, qu'on vienne pas m'emmerder.

Je sais pas comment j'ai fait pour méloigner du chemin. C'est quand cette lunedemerde se cache. Je vois plus rien.

Dès qu'elle revient, j'essaie de retrouver le chemin. Si je tombe sur les traces des roues, je retourne direct à lavoiture.

Dieudemerde, quand je pense qu'à cette heure je devrais être en train de mater tranquillement la réunion par le trou de la serrure... À me toucher... Au lieu d'être perdue dans ce cauchemar, avec des bêtes partout qui m'épient, des serpents que j'entends glisser dans les buissons...

– Primus !, j'appelle.

J'aurais dû y penser plus tôt, il est sûrement parti à ma recherche.

– Primus ! Viens !

Elle a si peur, maintenant, Poupée. Juste à côté d'elle, un rat gigantesque secoue les buissons. Tout d'un coup, il sort de sa cachette. Ils sont deux, immenses, avec des yeux de biche. Ils la regardent d'un air agressif et disparaissent d'un bond, en lui montrant leurcu, tout noir sous la tache blanche de leur petite queue de lapin.

Ça suffit, maintenant. Poupée, elle veut rentrer alamaison. Elle appelle et elle appelle encore, et puis elle s'arrête tout net, parce que c'est leloup qui lui répond.

La course des loups résonne dans toute la forêt, entrecoupée de hurlements. Poupée aussi, elle voudrait bien courir, mais elle peut plus.

Elle s'accroupit, à toute vitesse elle ramasse tout ce qu'elle peut, de branches, de feuilles, les jette sur sondos à mesure, comme un éléphant qui se douche, pour se cacher dessous. Là d'où viennent les loups, la forêt est toute sillonnée de lumières, qui se rapprochent. C'est monsang, elle se dit, Poupée. Ils sentent monsang. Elle tire sa serviettigiénic de sa culotte, la jette au loin pour brouiller les pistes. Aussitôt les aboiements redoublent, une grande clameur soudaine, comme à l'instant où l'artiste revient en scène après les rappels.

Il y a des voix d'hommes aussi, qui excitent leurs

chiens. Ils se rapprochent, très vite. Poupée les voit maintenant. Ce sont les cagoulés, la bande à Primus. Il y en a qui sont en costume, d'autres ont des bottes, ou des rangers, des treillis, de grosses armes qui pendent à la ceinture. Tous portent la cagoule, noire avec une petite pointe au bout, comme une bite calottée. On voit pas leur cou ni leur tête, juste deux billes qui brillent dans le trou des yeux. Je devrais me sentir rassurée, mais j'ai peur, peuramort. C'est comme dans un rêve, mon rêve de derrière la serrure. Les cagoulés vont metrouver, et mepunir. Jechie dans maculotte, le sang coule de plus belle le long de mes cuisses, mon ventre brûle, d'impatience.

D'abord ce sont les chiens qui me sautent dessus. Des dobermans, muselés. Qui me reconnaissent, et gémissent en faisant cercle autour de moi.

Quand les cagoulés arrivent, les chiens bondissent vers eux en remuant la queue. Les pattes posées sur les épaules de leurs maîtres qui les félicitent et les flattent, ils halètent, se trémoussent, et bandent. Ils sont comme ça quatre couples, homme cagoulé et doberman muselé, debout fassaface. Tounoirs dans la nuit, mais on dirait qu'il y a comme des éclairs électriques autour d'eux, on sent qu'ils ont envie de se fairdéchoses. Ensemble ils s'éloignent, assez pour qu'on les perde de vue, dans l'ombre de la forêt.

Deux des autres cagoulés viennent vers moi, me

tendent les mains pour m'aider à me relever. Toutes les lampes sont braquées surmoi, je baisse la tête car j'ai très honte. Le sang dégouline le long de mes jambes, je suis toute décoiffée, et je sens le ca.

Je finis quand même par prendre leurs mains tendues, et me mettre debout. Puis je recule d'un pas, pour plus être dans la lumière. Les lampes me suivent aussitôt.

– Madame le Chef, dit l'un des cagoulés. Que se passe-t-il ? Où est Monsieur Primus ?

– À la maison, je dis.

Ils se regardent, et disent plurien.

– Ramenez-moi à la maison, je dis. Monmari m'attend. Vous n'avez pas eu son message ? Il a eu un empêchement de dernière minute. La réunion est reportée à demain soir.

Ils se regardent encore sans rien dire. Il y en a un qui tire de sa poche un sifflet relié à sa ceinture par une chaîne, le passe sous sa cagoule, et siffle.

Les quatre maîtres avec leurs chiens réapparaissent, juste en même temps que la lune. Tout le monde se met en route, en silence. Je vais avec eux, encadrée par les deux qui m'ont relevée, mes deux chevaliers servants.

Depuis qu'ils sont arrivés, il n'y a plus un bruit dans la forêt. Les bêtes s'écrasent au fondeleurtrou, comme de misérables vermines terrorisées.

– Vous saviez que cette forêt est infestée de rats ?, je dis. Demain, je la fais raser.

Personne me répond, comme si j'avais pas ouvert la bouche. Ça me fait penser à ce que me dit toujours Monmari : « Tu parles trop. » Et aussi : « Tu sais pas ce que tu dis. »

Mais maintenant, c'est moi le Chef.

Ça m'étonnerait que Primus soit encore vivant.

Et la forêt de Moncul, je la ferai raser. Pour fêter ça. Mon nouveau départ dans la vie.

Si je pouvais, j'interdirais la nuit, aussi. Ce truc sombre, poisseux, dégueulasse comme le trouducu d'un négugru.

Je marche devant avec les cagoulés, le cœur léger. Décidément, aujourd'hui, toutes mes affaires s'arrangent.

Je me sens bien en sécurité, avec tous ces cagoulés. Et même un peu flattée. Et même un peu excitée. Toute seule dans la nuit dans une forêt avec tous ces hommes... S'ils voulaient... J'ose pas imaginer ce qu'ils feraient de moi. C'est pas l'envie qui leur manque, sans doute. Tous les hommes ont toujours envie de me le faire. Mais ce sont de bons soldats. Ils savent pas que leur chef, Primus, est mort. S'ils savaient qu'ils ont affaire à une veuve...

La veuve, et l'orphelin ! Je me touche la poitrine, où repose toujours monembryon.

Je me demande comment je m'habillerai, à l'enterrement de Primus. Est-ce que les cagoulés viendront ? Ils seront peut-être là sans leurcagoul, et moi je les reconnaîtrai pas.

Je devrais peutêtre mettre lembryon avec sonpapa, dans le cercueil ? Ça lui ferait peutêtre plaisir, d'être enterré avec sonenfant ? Ya du plaisir, quand on est mort ? Peutêtre qu'au contraire ils se détesteraient. Tous les deux à se haïr pour l'éternité, obligés de mêler leurs pourrissements.

En touca, eux, ils me reconnaîtront. Avec ma voilette noire sur la tête, ils auront encore plus envie de mebaiser. Dieudemerde, ils se diront, quand je pense que j'étais dans la forêt avec Elle, en pleine nuit ! Et maintenant, c'est Notre Cheftaine ! Grâce à moi, ils garderont toujours dans leur tête un souvenir ému de la forêt de Moncul... Encore plus une fois qu'elle sera rasée. Transformée en parking géant. C'est ça, le patrimoine. L'idée qu'on s'en fait. Le sentiment qu'on garde au fond de soi de tous ces coins de la Nation qu'on a aimés...

Je regrette d'avoir pas pu y enterrer monembryon. J'y aurais repensé, plus tard, en allant garer ma voiture... Il aurait été lame de ce parking. Ce bois est une saleté, mais quanmêm, je garderai son nom. Parking de Moncul. Ça sera plus émouvant, pour les gens qui l'ont connu.

Tout d'un coup, de penser à toutes ces âmes qui comptent sur moi pour réglementer leur vie, ça me remplit d'un grand élan de générosité envers mon prochain. Je me vois déjà, passer dans les foyers réquisitionner des hommes pour mon Service-perso... Ma garde rapprochée... Participer aux ratonnades, dans la ferveur collective d'un peuple décidé à redevenir propre, 100% national... Recevoir l'hommage du peuple, lors des fêtes grandioses que j'organiserai en mon honneur... Moi dans matournée des écoles et des lycées, donnant moi-même le fouet aux élèves déculottés inscrits sur la liste de la semaine... Moi cagoulée, présidant les réunions secrètes... Moi dans les meetings... Moi à la tête du Tronc... Moi à la télé... Mon beau visage au 20 heures... Moi et mes fidèles, vengeant la mémoire de Monmari... Déprime pas, Primus. T'es peut-être déjà plus qu'un nid de mouchamerds, mais ta Poupée est bien vivante, elle ! Et ça va se voir !

Dieudemerde, si Monpapa pouvait me voir... Et Mamaman, cette pouffiasse, si je pouvais savoir où elle est passée... Pour lui raccourcir ses vieux jours... Ce que je voudrais, avant, c'est lui en faire bien baver... La baffer autant qu'elle m'a baffée... Tiens saltope prends ça. Salputasse tu vois pas que t'es qu'une pauvmerde à côté de tafille ? Que tafille est beaucoup plus belle, beaucoup plus intelligente que toi ? Tu vois pas que ça m'intéresse pas, d'être tafille ? J'ai jamais poussé dans tasalbedaine. J'ai rien de toi. Je te renie, tu m'entends ? Je sais pas ce qui me retient de te démonter ta salgueuldepute. Vieilcarne. Je te détruis. Je te vomis. Va crever. Eh oui c'est comme ça. La Poupée nouvelle est arrivée.

Voilà ce que je voudrais leur dire, à ces connards de cagoulés qui m'encadrent comme s'ils avaient peur de casser le joujou à leur chef. La Poupée nouvelle est arrivée, et elle va tous vous baiser. Bien profond, connards. Moi je serai pas une molle du Tronc comme ils le sont tous. Ce qu'ils ont pu m'emmerder, Primus et les autres, avec leurs soidisant subtilitépolitics ! Toujours moi qu'avais tort de vouloir parler franc, et régler les problèmes sans détours. Vous pourrez bien en penser ce que vous voudrez, cette putacrouille de forêt je la raserai. C'est moi la Cheftaine, non ? Et pareil pour tout. On nettoie ou on nettoie pas. Fini les manières avec les parasites de la société. Quand j'ai des cafards dans ma cuisine, est-ce que je leur demande gentiment de bien vouloir s'en aller ? J'extermine, poinbarre. Écrabouillés, empoisonnés, anéantis. Je veux plus en entendre parler. Pareil avec toute cette verminequigrouille dans nos banlieues, nos cuisines de la Nation, qui s'immisce et se répand et pond et se multiplie partout. C'est pas malheureux d'être obligé d'aller ratonner ça en douce, au lieu de faire le ménage au grand jour ? La Nation, je la veux propre comme ma cuisine après une descente de Pipo et de l'exterminateur de cafards. Avec moi, la Nation, la petite fiancée du Tronc, va marcher droit et propre dans saculotte.

Obligée de demander l'autorisation, pour aller pisser derrière un arbre. Ces connards braquent la lampe sur le tronc, de peur que je me casse. Qu'est-ce qu'ils croient qu'il s'est passé, entre Primus et moi ? Une petite dispute d'amoureux ? On se bagarre un peu, et la petite fait une fugue, c'est ça ? Qu'une idée en tête, me ramener à leur chef.

J'ai pas envie de pisser, mais de remettre une serviette dans maculotte trempée. Mes cuisses dégoulinent de sang jusqu'aux pieds, ça colle à mes chaussures. Je m'accroupis et baisse maculotte, en m'arrangeant pour leur montrer machatte dégueulasse. J'ai plus honte dutout, maintenant. Ces pédales ont même pas été capables de deviner que j'étais coupable, et de profiter de la situation, quand ils m'ont trouvée sans défense dans la forêt.

Maculotte est pleine de sang et de merde, je la jette parterre. Je plie la serviette en deux, et je me l'enfonce, comme un tampon. Je suis malalaise pour marcher, mais papir qu'avant, quand ça dégoulinait.

Une biche déboule entre les arbres et s'arrête en nous regardant fixement de ses gros yeux de rat, éblouie par les lampes. La salbête fait moins la fière, maintenant. Mes deux chevaliers servants lâchent leur lampe, dégainent leur pistolémitrailleur, et panpanpanpan, l'abattent. Une belle cible, en plein dans la lumière de la lune. Les chiens se ruent sur elle, lui ouvrent le ventre. Je m'approche pour regarder les tripes. Moins belles que celles de Monmari. Les chiens fouillent ladedans comme des enragés. Il en monte une odeur de mort, à vous tourner la tête.

3

POURRIR

(La mort au pouvoir)

La mort c'est bien joli mais faut pouvoir se débarrasser des cadavres, après. Qu'est-ce que je vais en faire, de Monprimus ? Dieudemerde, j'espère qu'il est biencrevé, sinon il va m'en vouloir amort d'être partie sans rien ranger, son intestin qui déborde, étout.

Et ceux-là, les cagoulés, qui me collofesses. S'ils veulent rentrer à la maison ? S'ils veulent absolument parler à Primus ? Dieudemerde de merdedeDieu, s'ils m'emmerdent je leur merdalaraie. S'ils m'emmerdent, sans culotte comme je suis, je m'accroupis devant la porte et je leur chimamerd sur le paillasson. S'ils veulent rentrer, faudra qu'ils marchent dedans !

Les voitures sont garées l'une derrière l'autre au milieu du chemin. Toutes noires sous la lune, comme ça, on dirait un cortège de corbillards. Ils me font monter dans la deuxième, à l'arrière, avec deux autres cagoulés. Un des chiens monte à l'avant, à la plasdumort. Ses gencives sont rouges, il bave, et il pue dlagueule. Moi aussi j'ai un goûdchiotte dans la bouche, chaque fois que je respire ça empire.

– Vous pourriez pas laisser la vitre ouverte ?, je leur dis.

Heureusement qu'on rentre à la maison, je vais pouvoir me laver les dents.

– Vaut mieux pas, me fait le chauffeur. Dehors, c'est pollué.

On démarre tous à la queuleuleu. De temps en temps le chauffeur soulève un peu sa cagoule pour parler dans la radio. Chaque fois on voit son menton et ses lèvres. On dirait un croupiondpoulet, et ça fait le même effet que s'il baissait son slip. Je comprends rien au charabia qui rentre et qui sort de ladedans, mais ça fait bander tout le monde, dans la voiture ! Ils bandent sous leur treillis, les salauds ! Et le pire, c'est le chien ! Il se trémousse et il gémit, et il bavdeplubel, avec une trique ! Tous ces mâlenruts, ça pue tellement dans la bagnole que je me boucherais le nez, si ça puait pas encore plus dans mabouche.

Dommage que Monmari sera pas en état de fonctionner, quand je rentre. S'il est mort, il pourra rien me faire, mais remarque c'est pas pour ça que je pourrai rien lui faire, moi. L'ennui c'est qu'il faudrait d'abord nettoyer toutautour, je suis pas une souillon du genre à baiser dans le sang et la merde, moi. Dieudemerde, quand je pense à toute cette merde et à tout ce sang ! Le droidusang gribouillé sur mon carrelage ! Merdededieu, comment je vais le ravoir mon sol, moi ?

Les cagoulés, pareil avec leur bagnole. Au moment de monter en voiture, ma serviette est tombée par terre, je suis en train de tout leur tacher le siège. Le chien, on voit bien que c'est une bête habituée aux hommes, ça l'intéresse même pas l'odeur de mon-sang, il préfère bander pour les discours. Tout d'un coup j'ai une inspiration. Je sors monembryon de mon soutiengorge, et je le tends au chien. Enfin il s'intéresse à moi. Il approche sa gueule de ma main, l'attrape, et le boufduncoup.

– Qu'est-ce que c'est que ça ?, dit le chauffeur, qui surveille sa bête comme un amoureux.

– Un boudviande, je dis.

Le chien me regarde en tirant la langue, comme s'il en voulait d'autre.

– Couché, gueule son maître.

Je vois bien qu'il est jaloux. Le chien s'aplatit comme un misérable infidèle au fond du siège.

Les cinq voitures ont éteint leurs phares en entrant dans ma rue, et se sont garées devant la maison. Tout le monde est descendu. Marcel, l'un des policiers qui nous gardent la nuit, était à son poste. Il nous a ouvert le portail. Toutes ces bottes sur le gravier de l'allée faisaient un bruit à réveiller les voisins. Heureusement le mur est haut, on est bien isolés, personne peut nouvoir.

Pendant que je me demandais comment j'allais me débarrasser d'eux, l'un des cagoulés qui marchaient à côté de moi dans le noir m'a dit à l'oreille :

– Vous en faites pas, tout est nettoyé.

Je me suis retournée vers lui, et il a fait un signe de la tête, comme pour me dire que j'avais bien entendu. Arrivée devant la porte, j'ai sorti mes clés de mon sac, et j'ai dit, très madamelacheftaine :

– Je vous remercie, messieurs. Vous pouvez rentrer chez vous. Monmari vous donnera ses instructions demain matin.

Aussitôt, ils ont fait demi-tour. J'avais envie de danser, tellement ç'avait été facile. J'ai ouvert la porte et je suis entrée, pendant qu'ils claquaient les portières et redémarraient, toujours sans phares.

En entrant dans la maison, j'ai tout de suite senti l'odeur delamort. Comme quand on passe devant une boucherie, enpir. Toutes les lumières étaient allumées, et les volets fermés. Ça m'a étonnée. Je me souvenais pas d'avoir fait ça avant de partir, puisqu'il faisait encore jour. Ou alors il faisait déjà nuit ? Je me souvenais plus très bien. J'étais crevée, et j'avais envie de prendre au moins dix douches, tellement j'étais poisseuse et puante.

Je sais pas comment ça se fait, sans doute la fatigue, à ce momenla je pensais plus du tout à Monmari. Ça m'a quand même fait un drôle d'effet, en ouvrant la porte de la saldebain, de le voir debout devant le lavabo, en train de se regarder dans la glace. Tout d'un coup, je me suis souvenue de tout, et j'ai poussé un de ces cris ! Il s'est retourné, et c'était Pipo.

J'ai pas mis longtemps à retrouver mon sangfroid.

– Qu'est-ce que tu fais là, salpétasse ?, je lui ai gueulé.

– Ordre de Monsieur, il a fait, en se mettant au gardavous.

– Tu te fous de ma gueule, ou quoi ? Comment ça, ordre de Monsieur ?

J'ai regardé la baignoire, la moquette, tout. Tout était propre.

– Oui madame. Monsieur Primus ma téléphoné il y a une heure, pour me demander d'aller vous attendre chez vous, et de vous dire qu'il devait s'absenter pour la nuit.

D'abord, j'ai rien dit. Je me suis assise sur le bord de la baignoire, et j'ai gueulé :

– Tu vois pas que j'ai besoin de la saldebain ? Va m'attendre à la cuisine.

Je me suis souvenue de la mouchamerde dans le frigo, et j'ai rectifié :

– Non, dans le salon.

Ensuite je suis restée deumilans sous la douche, sans plus penser à rien.

Je me suis bien essuyée, j'ai roulé mes vêtements dans un sac plastique, pour la poubelle, et j'ai mis un tampon. Je me suis brossé les dents, deux fois, et j'ai pris des bains de bouche. C'est quand même agréable de rentrer chez soi et de trouver tout toupropre, impeccable. Je me suis bien aspergée de déodorant et d'eaudetoilette, et je suis allée m'habiller dans ma chambre. J'ai choisi un pyjama en coton de Monmari, pour être alaise.

Je suis retournée à la saldebain, j'ai peigné mécheveux, je les ai tirés en arrière, attachés. J'ai baissé monpantalon, pour vaporiser du déodorant dans maculotte. Ça m'a un peu piquée, mais c'était rien par rapport au dos. Dans le dos, ça me brûlait, partout où Primus m'avait mis des coudebrosses. J'ai cherché un médicament pour plus avoir mal, mais j'en ai pas trouvé.

Je suis allée au salon. Dieudemerde de merdedeDieu, j'étais d'une humeur de chien à cause de mondos, mais j'en ai rien montré. Pipo était affalé dans le canapé, à se branlotter, les pieds sur la table basse, une main dans son pantalon à moitié ouvert, en train de regarder un porno avec des petits gosses vicieux sur le magnétoscope.

– Qui t'a autorisé à regarder la télé, petitemerdedenculé ?, je lui ai hurlé.

– Votre mari, madame, il a dit.

Sans bouger d'un millimètre, comme si ces avortons étaient plus intéressants que moi. Dieudemerde, il commençait à m'échauffer les oreilles.

– Éteins ça tout de suite, ou je te coupe labite, et lamain qui va avec, j'ai dit.

Si c'est pas malheureux de devoir toujours hurler pour se fairentendre.

– Pardon madame, il a dit, en appuyant sur la télécommande pour faire un arrêsurimage. Madame désire me parler ?

Il avait un airmauvais, on aurait dit qu'il allait m'étrangler.

– Oui, j'ai dit, toujours en gardant mon sang-froid. Je voudrais savoir quand est-ce que Monmari t'a téléphoné, et qu'est-ce qu'il t'a dit, exactement.

– Ça doit faire un peu plus de deux heures maintenant. J'étais chez moi. Le téléphone a sonné, et c'était Monsieur. « Va à la maison, et restes-y jusqu'à mon retour, il a dit. Préviens ma femme que je serai pas là cette nuit. » Et c'est tout.

– Bon, et c'est tout ?

– Absolument tout.

– Il n'a rien dit d'autre ?

– Absolument rien.

J'osais pas le demander, mais je l'ai fait quanmêm :

– Et tu es sûr que c'était lui ?

– Évidemment.

– Tu as bien reconnu sa voix ?

– Évidemment.

– Je veux dire, c'était bien sa voix habituelle ? Il

avait pas l'air embarrassé, ou faible, ou d'avoir un problème ?

– J'ai rien remarqué.

– Rien, rien ?

– Rien, rien, rien.

– Bon bon, ça va. Puisque t'es dans le canapé, t'as qu'à y rester. Et t'as intérêt à pas le salir ! Moi, je vais mecoucher.

J'allais quand même pas lui donner la chambre d'amis, à spédalo.

Je me mets dans mon lit, je m'endors, je rêve. De l'autre côté de la cloison on entend une femme qui arrête pas de répéter « hé Joseph hé Joseph hé Joseph », en rythme et en boucle, comme si elle pouvait plus s'arrêter. Mamaman, qui est à côté de moi, me dit : « Qu'est-ce qu'elle lui met, à son gosse ! » C'est vrai que j'entends les coups en même temps, dans le même rythme. Elle est en train de le battramort. Ça se passe de l'autre côté de la cloison, mais c'est à l'autre bout de la ville.

Assise dans mon lit, j'ai mal à la poitrine. Je peux plus dormir.

C'est pas facile, d'être toute seule. Même quand Monmari était là, souvent, je me disais ça. Que j'étais toute seule. Jusqu'à la findéfin.

J'ai chaud ! Je veux enlever ma veste de pyjama, et je m'aperçois que dans mondos elle a collé à lachair, je suis obligée de tirer pour la détacher, ça brûle si fort que je gémis à chaque fois. Je passe mes mains dans mondos, et je sens des boursouflures partout où j'ai reçu des coups, et du liquide collant sous médoigts. Je me couche sur leventre, sans draps, parce que je supporte que l'air frais là-dessus. J'essaie de me rendormir, avec ce dos comme un champ de tessondbouteilles.

Demain matin, Monmari sera là. Il dira à Pipo de m'emmener chez le docteur, qui me soignera. Moi je l'a patué, Monmari. Monmari il a dit à Pipo qu'il faut que je l'attends. Pipo il me garde ce soir, et après Monmari il revient. Je suis pas une méchante, moi. J'a pas fait mal à Monmari. Je suis grande, moi. Je faipas cacanipipi à laculotte. Faut obéir au mari, même quand il veut te mettre le thermomètre, sinon après le mari il se fâche très fort et il te tape avec la brossdévécé.

Après Monmari il s'en va, il dit à Pipo de venir me garder, et moi je m'ennuimoi.

C'est pabon lecaca. Lepipi non plus c'est pabon. Monmari il m'a tapé dans mondos et maintenant mondos il sent leca. Méchant, Monmari. Poupée elle a pleindeca qui lui pousse dans ledos maintenant. Ça gratte ! Poupée elle se gratte et après elle a pleindeca dans lésongles.

Je me mets sur le côté et je me tourne toutentière contremoi, comungerme, comme monembryon. À voibasse j'appelle Mamaman, Monpapa, Monmari, mais personne va venir, c'est toujours comme ça. Tout le monde me laisse toujours touteseule dans monlit. Personne il m'aime. Pas beaux. Tout le monde est pas beau. Moi j'a peur touteseule dans monlit. J'a peur duloumoi.

Comment ça se fait que Monmari il a pamouru ? Pourtant je latuémoi. Je lui a même mangé son ca. Peut-être que j'a inventé une nouvelle sorte de vampire. Le suceur de ca. Est-ce que je va être obligée de sucer du ca toute ma vie maintenant ? Peutêtre que Monmari il a devenu un vampire lui aussi. Un morvivant. Peutêtre qu'il suce du ca lui aussi maintenant.

Monembryon il a devenu du cadchien. C'est pabon, le cadchien. Défois les chiens ils mangent le cadchien. Moi si je sera un chien je feraca n'importe où j'aura envie et je mangera tout ce que j'a envie et je mordra tout le monde que j'a envie. Moi quand je sera cheftaine je fera tou ce que j'a envie.

Nous dans notre pays on est des grandpersonnes,

des cartésiens comondit. Mais quanmêm on aime bien avoir un papa pour s'occuper de nous quand on féca dans laculotte. Le pa de la Nation, ça sera Monmari, qui maintenant a devenu toupetit comme monembryon. Quand il reviendra je le mettra dans mon soutiengorge, et après il me dira tout quoifaire et quoiparler, il commandera le monde entier depuis mon soutiengorge et personne le verra, il sera le commandant invisible, un soumarin comondit. La nuit on ira au cimetière noudeux pour bien tout nettoyer pour que ça soye toupropre dans la terre. Noudeux on sera hypercostauds parce qu'on sera des morvivants comme à latélé, et on pourra commander le mondentier et tuer toulévilains.

Je vais mourir. C'est sûr que je vais mourir. C'est là qu'il me manque Monmari. Pour me mettre le thermo. J'ai au moins 42, c'est sûr. Je suis toutemouillée departout à force de transpirer, toutebrûlante, mes cheveux collent à mapeau, j'y vois toutenrougénoiréargenté, même quand j'allume la lumière, le lit bouge, la chambre bouge, c'est tout sec dans mabouche, ça pue.

C'est moi qui pue. Mondos. Partout là où la brossachiotte m'a déchiré le dos ya de la merdquigoutte, j'ai les ongles pleindmerds à force de megratter.

Je me lève, je vais vers la fenêtre, je l'ouvre, j'essaie d'ouvrir les volets, mais ils sont bloqués du dehors.

Merdededieu, ya pas un souffle d'air qui passe à travers. Je vais vers la porte, je veux l'ouvrir, mais elle est fermée à clé de l'extérieur. Je crie, je frappe, j'appelle Pipo, je pleure, je me couche parterre derrière la porte. J'a chaud moi ! J'a peur ! Je veux du médicament ! Encore je crie, je pleure, j'appelle Pipo, papa, maman !

Comme personne vient, je fais pipi par terre, et après caca par terre. Cacaboudin. C'est rigolo. Il est beau mon ca. Beau comme un cadechien au milieu de la rue. L'Étron national. C'est moi qui l'a fait. Tout le monde s'écarte pour pas marcher dedans, mais yen a qui marchent quand même dedans, ils ont la rage mais après ils se disent que ça porte bonheur, et à force l'étron est tout étalé par terre et les gens y font de moins en moins attention, toulmonde finit par y marcher, même les mèrdefamilles avec leurs poussettes, à la fin plus personne fait le dégoûté, c'est comme ça un point c'étout.

L'Étron national, voilà comment je l'appellerai notre parti quand ça sera moi qui commandera, avec mon petit Primus dans le soutiengorge. Comme ça au moins tout le monde saura de quoi on parle vraiment. Pourquoi ya que moi qui serais obligée de sucédla merd ? De la merdpourridcadavre ? Tout le monde, faudra que tout le monde s'y mette. À nettoyer ces morts qui nous emmerdlépensées. Les vider jusqu'à l'os.

Dieudemerde, je vais crever. J'ai pas le thermo, mais si on me le foutait danlcu, je suis sûre que j'aurais au moins 42 pour 100. Boum ! Explosé, le thermo ! Tous les petits bouts de verre plantés dans les doigts de Monmari !

Tout ça c'est la faute à Pipo. S'il avait bien nettoyé la brossachiotte, j'aurais pas attrapé cette infection. C'est cette salpédal de Pipo qui va me faire crever. Pour me prendre maplace. Monmari, c'est à lui qu'il va donner ses ordres. Même que ça a déjà commencé. Monmari quest morvivant et qui m'adore, il va me laisser pourrir pour que je le rejoigne, et c'est Pipo qui le représentera.

Je veux pas, je veux pas être toute seule. Monembryon, je le cherche partout, je le trouve plus. Où tu es parti, ptimerdeux ? On parlait pourtant bien, toulédeux.

Dieudemerde, faudrait que je fasse une prière. Une prière, c'est ça qu'on fait avant de crever. Je veux pas aller en enfer, moi ! Maman, j'ai peur ! Poupée, elle est gentille. Elle a pas fait de bêtise, Poupée. Elle le fera plus.

Notredieu qui êtesodieux je me souviens plus des paroles donnez-moi cette nuit mon lapin quotidien que je me torchavec raquez pour médépenses comme nous ratonnons ceux qui ne sont pafrançais Marimerdedieu soipinée entre toutlépétasses et le fruit de tésentrailles fouteleu ma prière foutelaocu je sais pas la faire et je crèverai pas.

Poupée elle va pas crever.

Pipo il a fermé la porte de la chambre pour pas que les mouches elles rentrent et elles me pondent sur le dos.

Pipo demain matin il viendra me réveiller et il me baisera de la part de Monmari, on se mariera

et il voudra beaucoup d'enfants, j'ai bien vu tout à l'heure devant la télé comme il aimait les enfants

on se mariera et on sera les rois
on règnera de la part du cocu
Monmari qu'aura sa statue
au milieu du parking de Moncul.

TABLE

Famille et fœtus 7
(Faut que ça saigne)

Mordre 45
(La forêt de Moncul)

Pourrir 71
(La mort au pouvoir)

Achevé d'imprimer en mars 1999
sur les presses de l'Imprimerie Bussière
à Saint-Amand (Cher)

POCKET - 12, avenue d'Italie - 75627 Paris Cedex 13
Tél. : 01-44-16-05-00

— N° d'imp. 492. —
Dépôt légal : mars 1999.

Imprimé en France